Impressum
Verlag: BABADADA GmbH, Nedderfeld 112 , 22529 Hamburg
Geschäftsführer / Verlagsleitung: Harald Hof
Druck: Books on Demand GmbH, In de Tarpen 42, 22848 Norderstedt

Imprint
Publisher: BABADADA GmbH, Nedderfeld 112 , 22529 Hamburg, Germany
Managing Director / Publishing direction: Harald Hof
Print: Books on Demand GmbH, In de Tarpen 42, 22848 Norderstedt

186/2
يقسم
delen
لوحة
bord
القسم
klaslokaal
لاكور
speelplaats
معلم
leerkracht
ورقة
papier
يكتب
schrijven
ستيلو
pen
بيرو
bureau
مسطرة
liniaal
كتاب
boek
تلميذ
leerling

كرطاب
....
schooltas

المقلمة
....
pennenzak

قلم الرصاص
....
potlood

منجارة
....
puntenslijper

ممحا
....
gom

الكايي تاع الرسم
....
tekenblok

2

الرسم

tekening

البانسو

verfborstel

باتير

verfdoos

مقص

schaar

كولا

lijm

كايي تاع التمارين

werkboek

الواجبات

huiswerk

النيميرو

nummer

يجمع

optellen

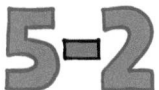

يطرح

aftrekken

يضرب

vermenigvuldigen

يحسب

rekenen

الحرف

letter

الحروف

alfabet

كلمة

woord

النص

tekst

يقرا

Lezen

طباشير

krijt

الدرس

les

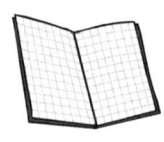

دفتر المدرسي

klassenboek

ليقزاما

examen

سرتفيكا

certificaat

اللبة تاع ليكول

schooluniform

التعليم

onderwijs

ليكسيك

encyclopedie

الجاميعة

universiteit

المجهر

microscoop

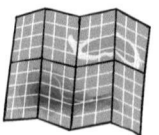

الخريطة

kaart

بوبال

papiermand

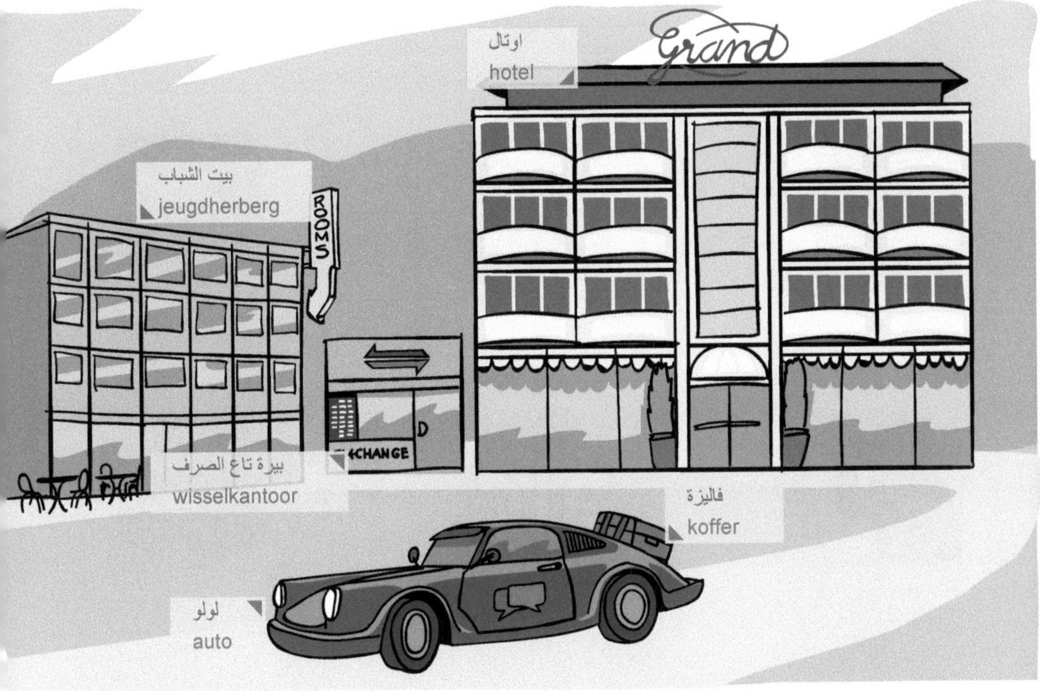

اوتال
hotel
Grand
بيت الشباب
jeugdherberg
ROOMS
بيرة تاع الصرف
wisselkantoor
EXCHANGE
فاليزة
koffer
لولو
auto

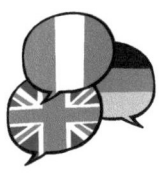

اللغة ليقصدها

Taal

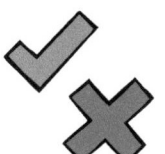

واه / لا

ja / nee

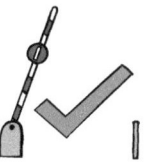

صحا

oké

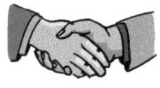

مرحبا

hallo

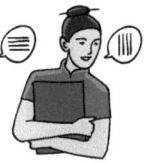

طرجمان

vertaler

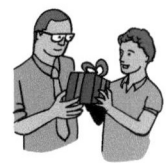

صحيت

bedankt

شعال السومة؟

Hoeveel kost …?

مفهمتش

Ik begrijp het niet

مشكيلة

probleem

مسلخير

Goedenavond!

صباح لخير

Goedemorgen!

تصبح بخير

Goedenavond!

بسلامة

Tot ziens

ديركسيو

richting

الباقاج

bagage

ساك

zak

ساكادو

rugzak

ضيف

gast

شمبرا

kamer

ساك تاع رقاد

slaapzak

خيمة

tent

استعلامات سياحية
....
toeristeninformatie

بجر
....
strand

كارطة ناع الكريدي
....
kredietkaart

فطور الصباح
....
ontbijt

الفطور
....
lunch

العشا
....
avondeten

البيي
....
ticket

اسونسير
....
lift

تامبر
....
postzegel

الحدود
....
grens

الديوانة
....
douane

سفارة
....
ambassade

فيزا
....
visum

باسبور
....
paspoort

طيارة
vliegtuig
بابور
schip
لبونبيا
brandweerwagen
كاميونة
vrachtwagen
بيس
bus
بوطي
motorboot
بيسكلات
fiets
لولو
auto

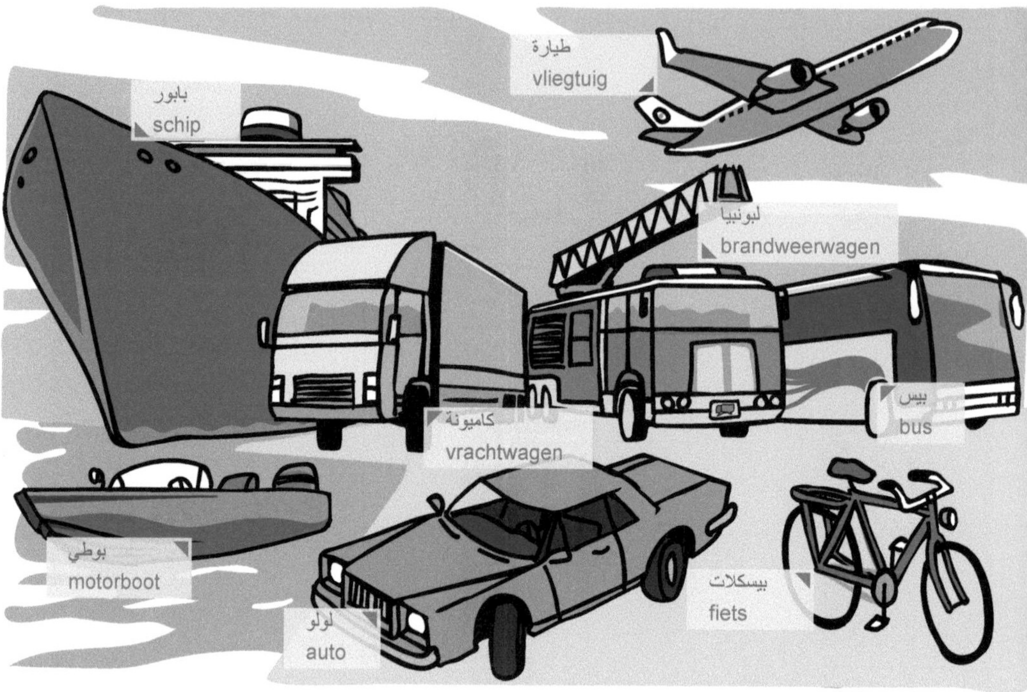

بابو

veerboot

بوطي

boot

موطو

motor

لوطو تاع لابوليس

politiewagen

لوطو تاع السيباق

racewagen

لوطو تاع كرية

huurauto

لواطا تاع كرية

carpoolen

روموړك

sleepwagen

كاميو تاع الزبل

vuilniswagen

موتور

motor

ليسونس

benzine

ستاسيون

benzinestation

بانو

verkeersbord

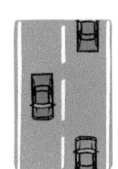

ترافيك

verkeer

سركالة

file

باركينغ

parkeerplaats

لاقار

station

السبيكة

sporen

قطار

trein

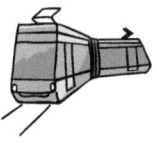

ترام

tram

فاغون

wagon

اليكبتار

helikopter

مطار

luchthaven

تور

toren

مسافر

passagier

كونتنار

container

كرطونة

karton

شاريو

kar

سلة

mand

يقلع / يهود

opstijgen / landen

stad

قرية

dorp

البلاد

stadscentrum

دار

huis

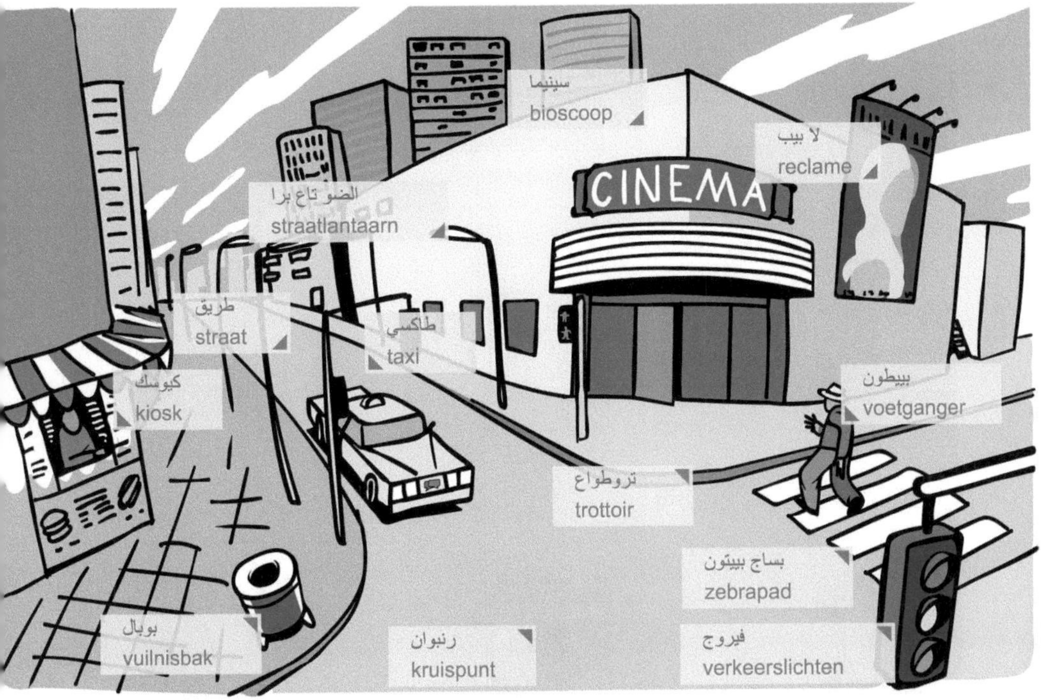

سينيما
bioscoop

لا بيب
reclame

الضو تاع برا
straatlantaarn

CINEMA

طريق
straat

طاكسي
taxi

كيوسك
kiosk

بييطون
voetganger

تروطواع
trottoir

بساج بييتون
zebrapad

بويال
vuilnisbak

رنبوان
kruispunt

فيروج
verkeerslichten

كوخ
hut

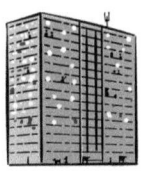

برطمان
woning

لاقار
station

لاميري
stadshuis

متحف
museum

ليكول
school

الجاميعة

universiteit

بانكة

bank

سبيطار

ziekenhuis

اوتال

hotel

فارماسي

apotheek

بيرو

kantoor

مكتبة

boekwinkel

حانوت

winkel

فلوريست

bloemenwinkel

سوبرات

supermarkt

مرشي

markt

حانوت كبير

warenhuis

مسمكة

vishandelaar

سونتر كومرسيال

winkelcentrum

الميناء

haven

بارك

....

park

بنك

....

bank

جسر

....

brug

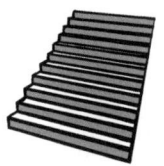

درج

....

trap

ميترو

....

metro

تونال

....

tunnel

لاري تاع البيس

....

bushalte

بار

....

bar

مطعم

....

restaurant

صندوق البريد

....

brievenbus

البانوات

....

straatnaambord

مقياس زمن الوقوف

....

parkeermeter

حديقة حيوانات

....

zoo

بيسين

....

zwembad

جامع

....

moskee

فيرما

boerderij

التلوث

milieuverontreiniging

مقبرة

kerkhof

قليزية

kerk

بارك

speelplaats

معبد

tempel

landschap

ورقة
blad

بانو
wegwijzer

طريق
weg

مرج
weide

حجرة
steen

رحالة
wandelaar

bo

نهر
rivier

حشيش
gras

زهرة
bloem

واد

....

vallei

جبل

....

heuvel

بحيرة

....

meer

غابة

....

bos

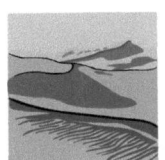

صحرا

....

woestijn

بركان

....

vulkaan

شاطو

....

kasteel

قوس قزح

....

regenboog

فِطر

....

paddenstoel

نخلة

....

palmboom

ناموسة

....

mug

ذبانة

....

vlieg

نملة

....

mier

نحلة

....

bijl

رتيلة

....

spin

خنفوس

kever

جرانة

kikker

سنجاب

eekhoorn

قنفود

egel

قنينة

haas

بومة

uil

زاوش

vogel

بجعة

zwaan

حلوف

wild zwijn

عزالة

hert

إلكة

eland

سد

dam

الطاحونة

windturbine

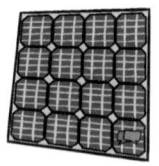

خلية شمسية

zonnepaneel

كليما

klimaat

سارفور
▶ ober

المونيو
menu

كرسي
▶ stoel

بيتزا
pizza

سوبة
soep

ناب
▶ tafelkleed

كرفار
▶ bestek

اوردوفر
voorgerecht

الطبق الرئيسي
hoofdgerecht

ديسار
nagerecht

مشروبات
drankjes

ماكلة
eten

القرعة
fles

فاست فود

fastfood

ماكلة نديه معايا

street food

براد اتاي

theepot

سكرية

suikerpot

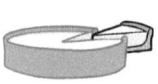

طرف

portie

ماشينة تاع اكسبريسو

espressomachine

كرسي عالي

kinderstoel

فاتورة

rekening

سني

dienblad

خدمي

mes

فرشيطة

vork

مغيرفة

lepel

مغيرفة تاع لاتاي

theelepel

سربيتة تاع الطابلة

serviette

كاس

glas

طبسي

bord

بول

soepbord

طبسي تاع الفنجال

schoteltje

لاصوص

saus

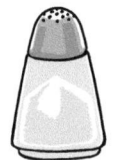

القوطي تاع الملح

zoutvatje

طحان تاع الحرور

pepermolen

خل

azijn

زيت

olie

ليزيبيس

kruiden

كتشوب

ketchup

موطارد

mosterd

مايونيز

mayonaise

supermarkt

بروموسيو
aanbieding
FOR
كلويون
klant
مشتقات الحليب
zuivelproducten
فاكية
fruit
شاريو
winkelwagen

BUTCHERS

بوشي

slagerij

BAKERY

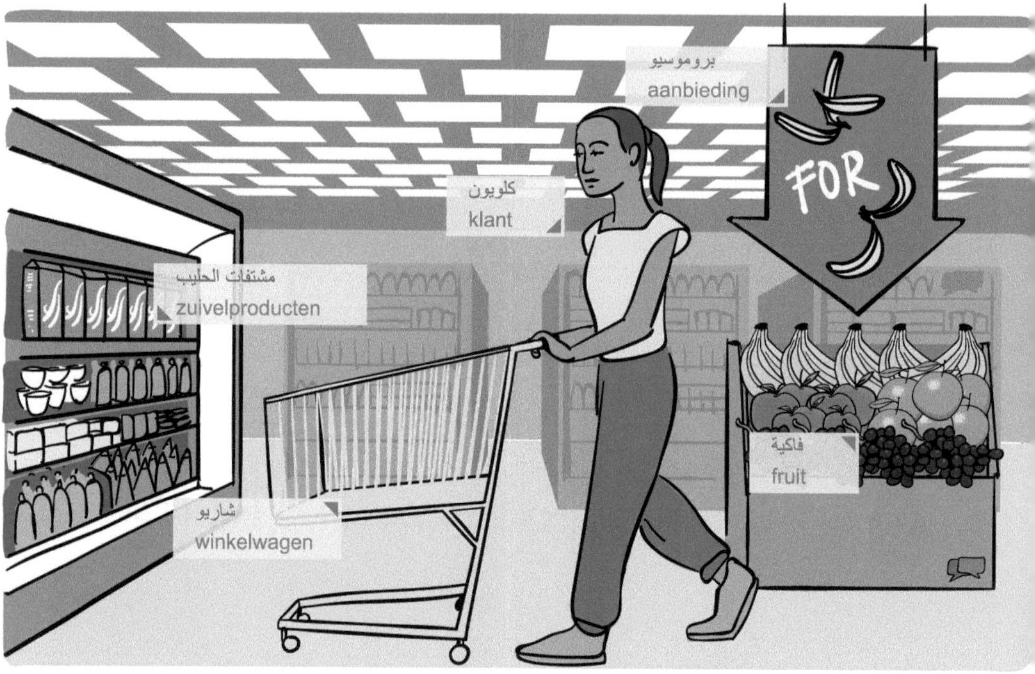

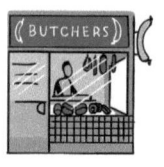

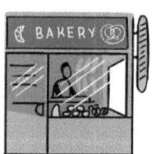

بولونجي

bakkerij

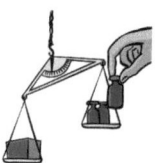

يوزن

wegen

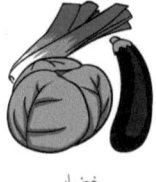

خضار

groenten

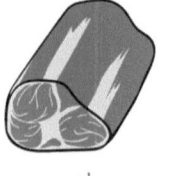

لحم

vlees

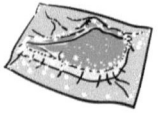

سيرجولي

diepvriesvoedsel

كاشير

charcuterie

كونسارف

conserven

الاومو تاع لغسيل

waspoeder

الحلويات

snoep

صوالح الدار

huishoudproducten

ديتارجو

schoonmaakproducten

فوندوز / خدامة فالحانوت

verkoopster

لاكاس

kassa

كاسسي

kassier

ليستا تاع الشري

boodschappenlijstje

سوايع الخدمة

openingstijden

تزداتم

portefeuille

كارطة ناع الكريدي

kredietkaart

ساك

tas

بورسة

plastieken zakje

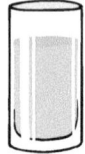

الما

water

جو

sap

حليب

melk

كوكا

cola

الشراب

wijn

البيرة

bier

شراب

alcohol

كاكاو

cacao

لاتاي

thee

قهوة

koffie

اكسبريسو

espresso

كابوتشينو

cappuccino

بانانة

banaan

تفاح

appel

تشينا

sinaasappel

بطيخ

meloen

ليم

citroen

كروطة / زرودية

wortel

ثوم

knoflook

بانبو

bamboe

بصل

ajuin

شانبينيو

champignon

بندق

noten

ليبات

noodles

سباقيتي
....
spaghetti

روز
....
rijst

سلاطة
....
salade

ليفريت
....
frieten

ليفريت
....
gebakken aardappelen

بيتزا
....
pizza

هانبورقر
....
hamburger

سندويش
....
sandwich

اسكالوب
....
kalfslapje

لحم الحلوف
....
ham

سامي
....
salami

مرقاز
....
worst

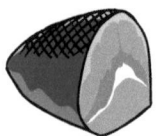

جاجة
....
kip

لحم مشوي
....
braden

حوت
....
vis

شوفان

havervlokken

موسلي

muesli

كورن فلكس

cornflakes

فرينة

bloem

كرواسون

croissant

خبيزة

pistolet

الخبز / كسرة

brood

خبز محمر

toast

بيسكوي

koekjes

زبدة

boter

لبن

kwark

قاطو

taart

بيض

ei

بيض مقلي

spiegelei

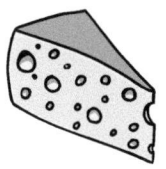

فرماج

kaas

لاكرام

ijs

سكر

suiker

عسل

honing

كونفتير

confituur

نوقا

choco

الكاري

curry

boerderij

فيرمة
boerderij
رزمة تاع تبن
strobaal
مخزن
schuur
حقل
veld
عود
paard
قنطرة
aanhangwagen
جرار
tractor
مهر
veulen
حمار
ezel
كبش
schaap
خروف
lam

معزة

geit

بقرة

koe

عجل

kalf

حلوف

varken

حلوف صغير

biggetje

طورو

stier

فيرما - boerderij 27

وزة
....
gans

بطة
....
eend

فلوس
....
kuiken

جاجة
....
kip

سردوك
....
haan

طوبا
....
rat

قطة
....
kat

فأر
....
muis

ثور
....
os

كلب
....
hond

دار الكلب
....
hondenhok

تيو
....
tuinslang

إبريق
....
gieter

منجل
....
zeis

محراث
....
ploeg

منجل

sikkel

الفاس

schoffel

مذراة الزبل

hooivork

شاقور

bijl

بروبطة

kruiwagen

معلف

trog

قابة تاع حليب

melkkan

ساشيا

zak

سياج

hek

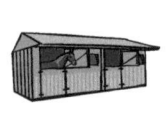

صطبل

stal

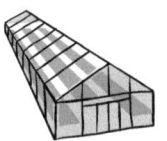

بوطاجي

broeikas

تراب

bodem

بذور

zaad

سماد

mest

حصادة

maaidorser

يحصد
....
oogsten

الغلة
....
oogst

بطاط
....
yam

قمح
....
tarwe

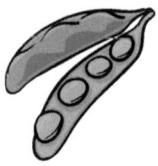

صويا
....
soja

بطاطا
....
aardappel

ماييس
....
maïs

سلجم
....
koolzaad

شجرة تاع فاكية
....
fruitboom

منيهوت
....
maniok

الخبوب
....
graan

شوميني
schoorsteen

سقف
dak

بالة
regenpijp

تاقة
raam

قاراج
garage

صونات
deurbel

باب
deur

بوبال
vuilnisbak

بواطة تاع البرية
brievenbus

جاردان
tuin

صالون
woonkamer

الحمام
badkamer

كوزينا
keuken

شامبرا تاع رقاد
slaapkamer

شمبرا تاع ذراري
kinderkamer

صالة مونجي
eetkamer

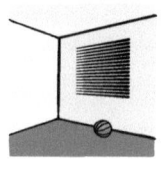

لرض

vloer

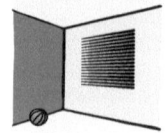

حيط

muur

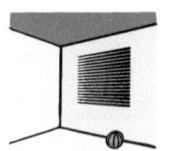

بلافو

plafond

كافا

kelder

سونا

sauna

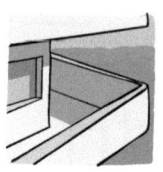

بالكون

balkon

تيراسة

terras

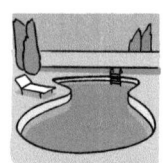

بيسين

zwembad

جزارة تاع حشيش

grasmaaier

ااووس

dekbedovertrek

كووات

dekbed

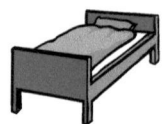

ناموسية

bed

مصلحة

bezem

بيدو تاع صليح

emmer

انتغبتور

schakelaar

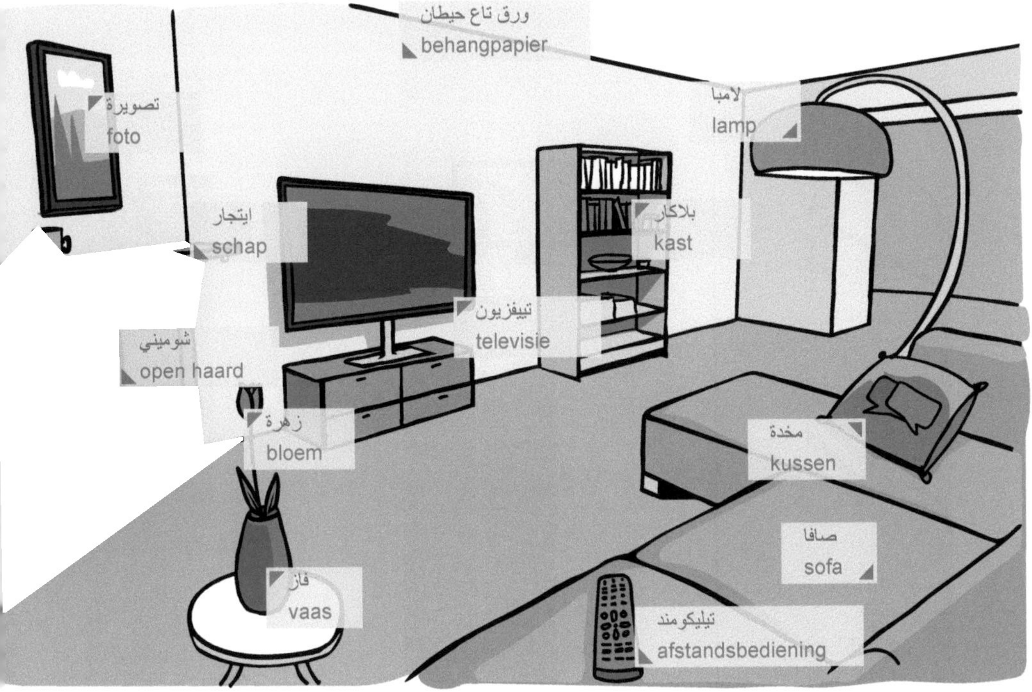

ورق تاع حيطان
▶ behangpapier

تصويرة
foto

لامبا
lamp

إيتجار
schap

بلاكار
kast

تييفزيون
televisie

شوميني
open haard

زهرة
bloem

مخدة
kussen

قازة
vaas

صافا
sofa

تيليكومند
afstandsbediening

طابي
mat

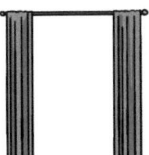

ريدو
gordijn

طابلة
tafel

كرسي
stoel

كرسي يبوجي
schommelstoel

فوتاي
fauteuil

كتاب

boek

طوفيرطة

deken

زواق

decoratie

الحطب

brandhout

فيلم

film

الستيريو

stereo-installatie

مفتاح

sleutel

جرنان

krant

كادر

schilderij

بوستار

poster

راديو

radio

كناش

notitieboekje

اسبيراتور

stofzuiger

صبار

cactus

شمعة

kaars

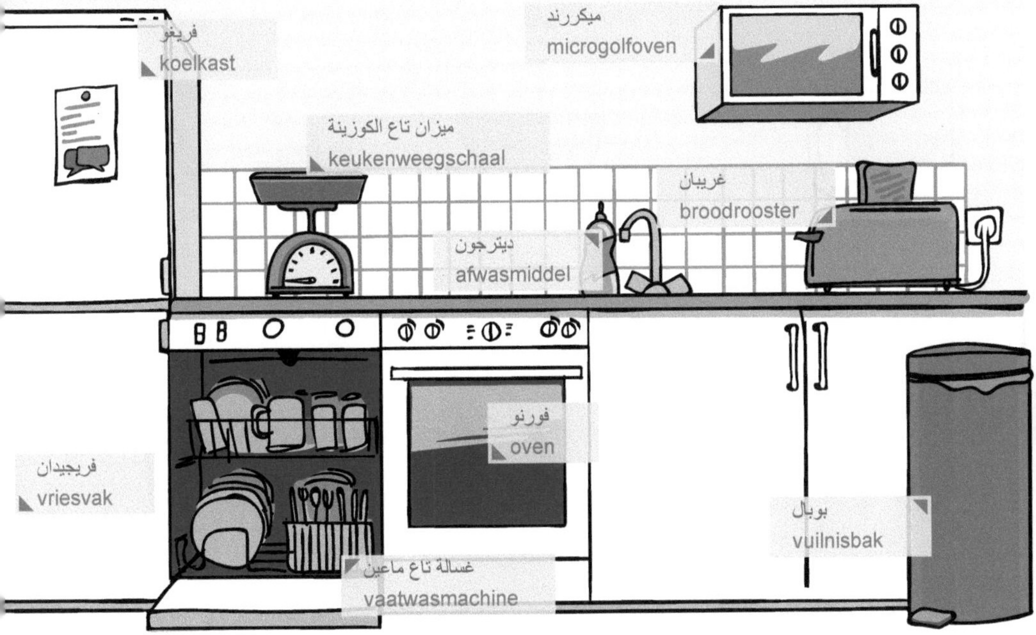

keuken

koelkast
microgolfoven
ميزان تاع الكوزينة
keukenweegschaal
غريبان
broodrooster
ديترجون
afwasmiddel
فورنو
oven
فريجيدان
vriesvak
بوبال
vuilnisbak
غسالة تاع ماعين
vaatwasmachine

الفور

fornuis

قدرة

pot

مرميطا

gietijzeren pot

طاوة غامقة

wok / kadai

مقلة

pan

غلاية

waterkoker

كوزينا - keuken

قدرة
stoomkoker

سني
bakplaat

ماعين
servies

قوبلي
mok

طبسي
kom

مطارق تاع الماكلة
eetstokjes

لوشة
pollepel

سباتولة
spatel

الضرابة
garde

كسكاس
vergiet

صفاية
zeef

راب
rasp

مهراز
mortier

شواية
barbecue

موقد
haardvuur

بلونشا

....

snijplank

رولو

....

deegrol

الحلال

....

kurkentrekker

قابسة

....

blik

الحلال

....

blikopener

كتان

....

pannenlap

لافابو

....

gootsteen

بروسة

....

borstel

بونجة

....

spons

الخلاط

....

blender

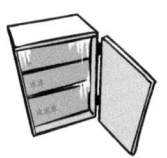

فريغو

....

vriezer

بيبرونة

....

papfles

سبالة

....

kraan

شوفاج
verwarming
سربيتة
handdoek
حمام بالرغوة
bubbelbad
بنوار
badkuip
غسالة تاع حوايج
wasmachine
لبو
kinderpo
كرلاج
tegels
دوش
douche
ريدو تاع لادوش
douchegordijn
كاس
glas
سبالة
kraan
لافابو
gootsteen

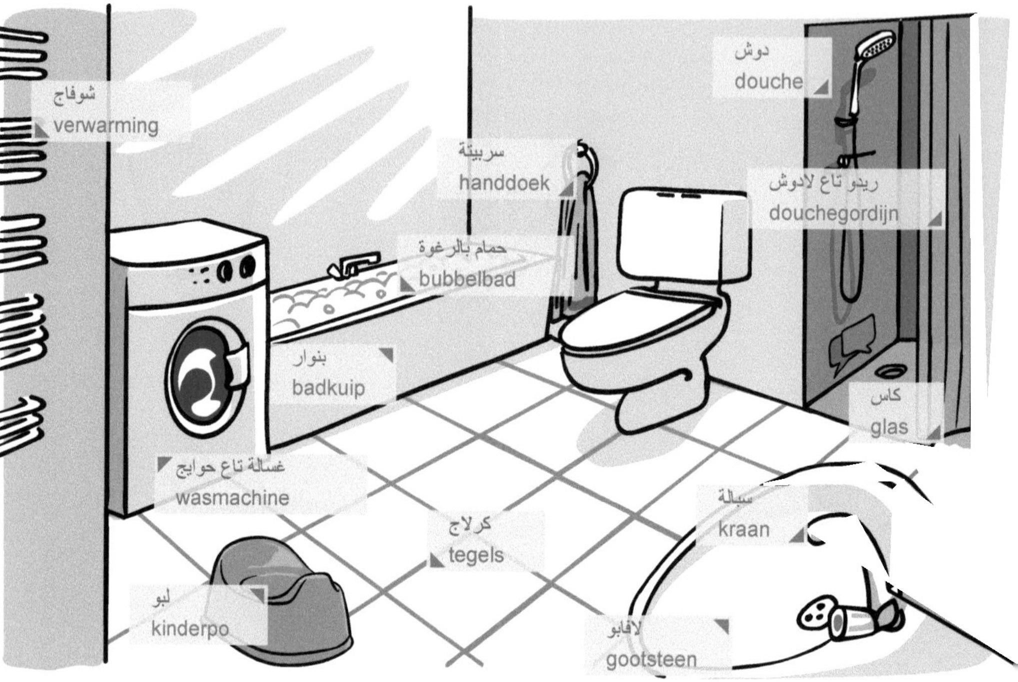

توالات

toilet

توالات تركي

hurktoilet

غسال الرجلين

bidet

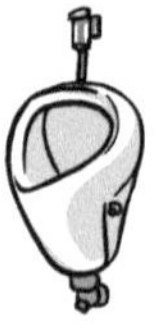

مبولة

urinoir

ورق تاع توالات

toiletpapier

بروسة تاع توالات

toiletborstel

بروسدون
tandenborstel

دونتفريس
tandpasta

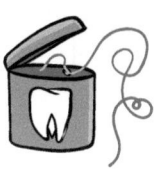

خيط السنان
flosdraad

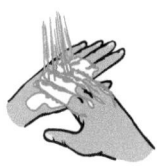

يغسل
wassen

دوشات تاع دوش
handdouche

دوشات
bidethanddouche

لافابو
waskom

بروسا تاع الظهر
rugborstel

صابون
zeep

جال دوش
douchegel

شنبوان
shampoo

الحبل
washandje

قادوس
afvoer

بومادة
crème

ديودورون
deodorant

مراية
spiegel

مراة صغيرة
handspiegel

رازوار
scheermes

لاموس
scheerschuim

كولون
aftershave

مشطة
kam

بروسة
borstel

سشوار
haardroger

مثبت الشعر
haarlak

مكياج
make-up

روجالافر
lippenstift

فرني
nagellak

قطن
watten

كوبنغل
nagelknipper

ريحة
parfum

تروسة تاع حمام

toilettas

طابوري

kruk

ميزان

weegschaal

بينوار

badjas

ليغونات تاع النيتواياج

latex handschoenen

تمبون

tampon

ليبوند

maandverband

توالات

chemisch toilet

kinderkamer

ريفاي
wekker
نونورس
knuffel
لوطو جوي
speelgoedauto
الخشخاش
rammelaar
دار تاع بوبيات
poppenhuis
كادو
geschenk

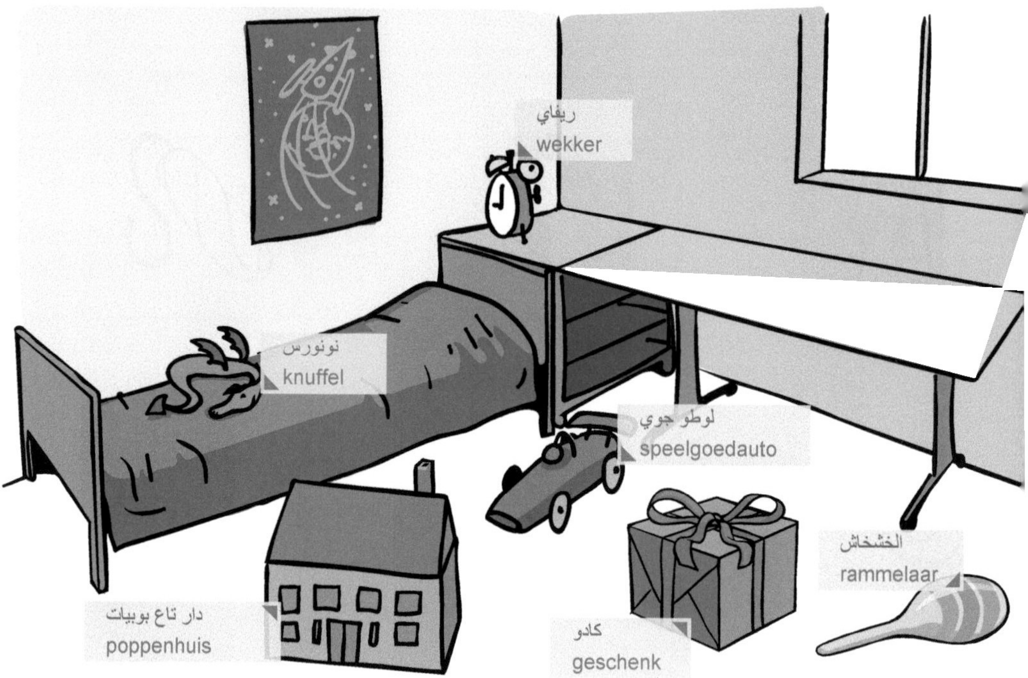

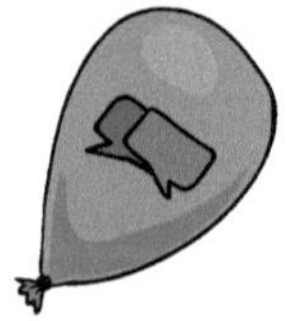

بالونة / نسافة

ballon

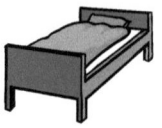

ناموسية

bed

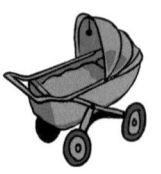

بوسات

kinderwagen

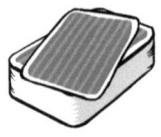

الكارطة

spel kaarten

البوزيل

puzzel

SUPER
MEGA

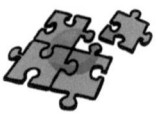

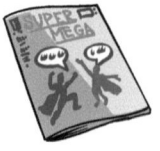

بوند ديسيني

stripboek

اللیغو
....
legoblokjes

حجر یبنوه
....
blokken

بوبیة
....
actiefiguur

لبسة تاع البیبي
....
kruippakje

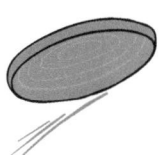

فریزي
....
frisbee

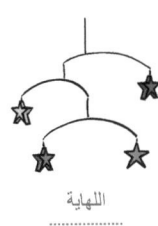

اللهایة
....
mobiel

لعبة الطابلة
....
bordspel

الدي
....
dobbelsteen

التران
....
modelspoorweg

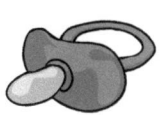

سوسات
....
fopspeen

حفلة / الفیشطة
....
feest

كتاب بتصاویر
....
prentenboek

بالون
....
bal

بوبیة
....
pop

یلعب
....
spelen

بارك بالرملة
....
zandbak

بنصوار
....
schommel

جوي
....
speelgoed

منيطا
....
spelconsole

بيسكلات
....
driewieler

دبدوب
....
knuffelbeer

ماريو
....
kleerkast

kleding

تقاشر
....
sokken

ليبا
....
kousen

كولو
....
maillot

شال
sjaal

بربلوي
paraplu

تريكو
T-shirt

حزام
riem

بوط
laarzen

بنتوفلا
slippers

تينيسا / سبردينا
sneakers

صندالة
....
sandalen

صباط
....
schoenen

بوط بلاستيك
....
rubberlaarzen

كالسون
....
onderbroek

سوتيان
....
beha

حويج تاع داخل
....
onderhemd

لاسق على الجسم

lichaam

سروال

broek

جين

jeans

جيبا

rok

طابلية

blouse

قمجة

hemd

تريكو

trui

قارديقون

capuchontrui

بلازار

blazer

فيستا

jas

بالطو

jas

بالطو

regenjas

كوستيم

kostuum

روبا

jurk

روب بلونش

trouwjurk

كوستيم

pak

شوميز دونوي

nachthemd

بيجاما

pyjama

ساري

sari

حجاب

hoofddoek

عمامة

tulband

برقع

boerka

قفطان

kaftan

عباية

abaya

مايو

badpak

سروال تاع عوم

zwembroek

شورت

short

لبسة تاع سبور

trainingspak

طابلية

schort

ليقونات

handschoenen

قفلة

knoop

نواظر

bril

براسلي

armband

سنسلة

ketting

خاتم

ring

منقوش

oorbel

بوني

pet

سانتر

kapstok

شابو

hoed

قرافاطة

das

غيمة

rits

كاسك

helm

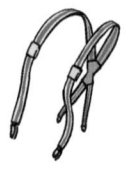

بروتال

bretellen

اللبة تاع ليكول

schooluniform

لينيفورم

uniform

رياقة
....
slabbetje

سوسات
....
fopspeen

ليكوش
....
luier

kantoor

سارفر
server
خزانة تاع الملفات
dossierkast
امبريمانت
ورقة
papier
ليكرون
monitor
لاسوري
muis
كلافيي
toestenbord

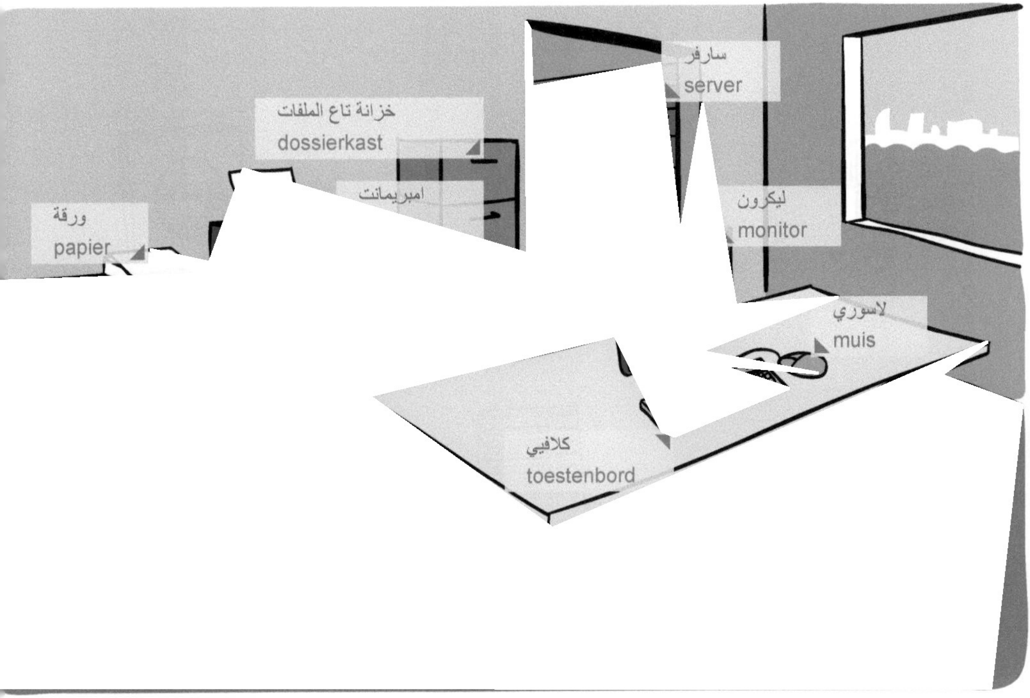

كاس قهوة
....
koffiemok

كاكولاتريس
....
rekenmachine

لانترنت
....
internet

اورديناتور

laptop

برية

brief

ميساج

bericht

بورطابل

gsm

ريزو

netwerk

فوطوكوبي

kopieerapparaat

لوجسيال

software

تيلفون

telefoon

بريزة

stopcontact

فاكس

fax

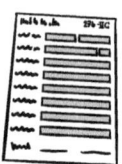

استمارة

formulier

وثيقة

document

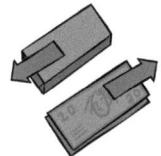

يشري
kopen

يخلص
betalen

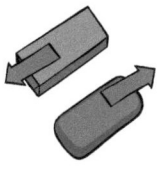

يتاجر
handelen

دراهم
geld

USD

دولار
dollar

EUR

اورو
euro

JPY

ين
yen

RUB

روبل
roebel

CHF

فرنك سويسري
Zwitserse frank

CNY

يوان
Chinese renminbi

INR

روبية
roepie

ديستريبيتور
geldautomaat

بيرة تاع الصرف
....
wisselkantoor

ذهب
....
goud

فضة
....
zilver

نفط
....
olie

طاقة
....
energie

السومة
....
prijs

عقد
....
contract

طاكس
....
belasting

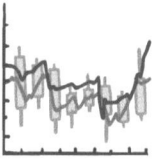

سهم
....
aandeel

يخدم
....
werken

خدام
....
werknemer

مول الشي
....
werkgever

وزين
....
fabriek

حانوت
....
winkel

بوليسي
politieagent

بومبي
brandweerman

طياب
kok

الطبيب
dokter

بيلوط
piloot

جرديني
tuinman

نجار
timmerman

خياط
naaister

قاضي
rechter

شيميك
chemicus

ممثل
acteur

شوفير

buschauffeur

طاكسيور

taxichauffeur

صياد

visser

خدامة

schoonmaakster

ماصو تاع الصقف

dakdekker

سارفور

ober

صياد

jager

بنتار

schilder

خباز

bakker

الكتريسيان

elektricien

ماصون

bouwvakker

مهندس

ingenieur

بوشي

slager

بلومبي

loodgieter

فاكتور

postbode

جندي

....

soldaat

ارشيتكت

....

architect

كاسسي

....

kassier

بياع اورد

....

bloemist

كوافير

....

kapper

الكنترول

....

conducteur

ميكانيسيان

....

mecanicien

كابيتان

....

kapitein

طبيب سنان

....

tandarts

عالم

....

wetenschapper

حاخام

....

rabbijn

امام

....

imam

موان

....

monnik

موان

....

geestelijke

werktuigen

مارطو
hamer

كلاب
tang

تورنفيس
schroevendraaier

مفتاح
schroefsleutel

تورش
zaklamp

جرافة
graafmachine

قايصة نتاع ليزوتي
gereedschapskoffer

سلوم
ladder

منشار
zaag

مسامير
spijkers

برسوز
boormachine

يصنع

repareren

البالة

schop

ياويلي

Verdomme!

بالا

blik

بو تاع بنتورة

verfpot

ليفيس

schroeven

muziekinstrumenten

آلات الإيقاع
drumstel

مكبر الصوت
luidspreker

غيتارة
gitaar

كمان أجهر
contrabas

بوق
trompet

بيانو

piano

كمنجة

viool

جهير

basgitaar

طبل كبير

pauk

طبل

trommels

بيانو كهربائي

keyboard

ساكسوفون

saxofoon

ناي

fluit

ميكروفون

microfoon

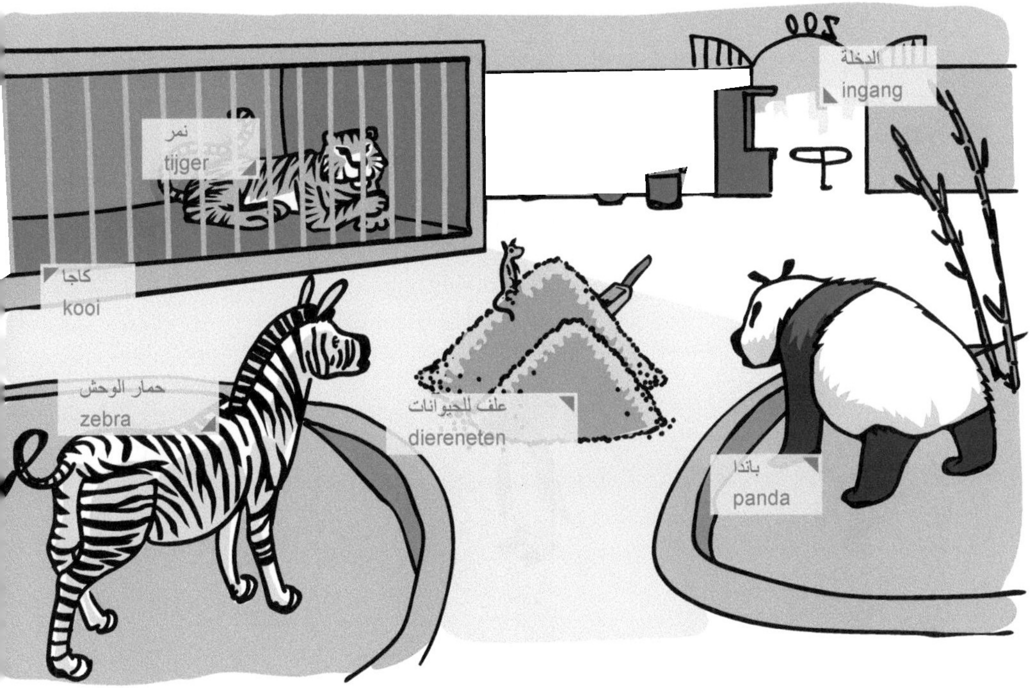

نمر
tijger

الدخلة
ingang

كاجا
kooi

حمار الوحش
zebra

علف للحيوانات
diereneten

باندا
panda

حيوانات
dieren

فيل
olifant

كنغر
kangoeroe

وحيد القرن
neushoorn

غوريلا
gorilla

دب
beer

جمل

kameel

نعامة

struisvogel

سبع

leeuw

تشيطا

aap

فلامونغوز

flamingo

بيروكي

papegaai

دب قطبي

ijsbeer

بطريق

pinguïn

سمك القرش

haai

طاووس

pauw

لفعة

slang

تمساح

krokodil

عساس في حديقة الحيوان

dierenverzorger

عجل البحر

zeehond

نمر أمريكي مرقط

jaguar

فرس قزم

pony

نمر

luipaard

فرس النهر

nijlpaard

زرافة

giraffe

نسر

adelaar

حلوف

wild zwijn

حوت

vis

فكرون

zeeschildpad

حيوان فظ البحري

walrus

ثعلب

vos

غزال

gazelle

بالون اميريكا
rugby

الركبة تاع البيسكلت
wielrennen

تينيس
tennis

باسكات
basketbal

العوم
zwemmen

هوكي
ijshockey

بوكس
boksen

بالون
voetbal

الريشة الطائرة
badminton

اتلاتيزم
atletiek

الهوند
handbal

سكي
skiën

بولو
polo

يضحك
lachen
ينقز
springen
يعنق
knuffelen
يمشّي
wandelen
يغني
zingen
ينوم
dromen
يصلي
bidden
يبوس
kussen

يكتب

schrijven

يرسم

tekenen

يوري

tonen

يدمر

duwen

يعطي

geven

يدي

nemen

يملك

hebben

يخدم

doen

كاين

zijn

يوقف

staan

يجري

lopen

يجبد

trekken

يقيس / يرمي

gooien

يطيح

vallen

يتكسل

liggen

يشوف

wachten

يرفد

dragen

يقعد

zitten

يلبس

aankleden

يرقد

slapen

ينوظ

ontwaken

يشوف في
....
kijken naar

يبكي
....
wenen

يحك
....
aaien

يمشّط
....
kammen

يهدر
....
praten

يفهم
....
begrijpen

يسقسي
....
vragen

يسمع
....
luisteren

يشرب
....
drinken

يأكل
....
eten

يخمل
....
opruimen

يبغي
....
houden van

يطيب
....
koken

يصوق
....
rijden

يطير
....
vliegen

يبحر بالفلوكة

zeilen

يحسب

rekenen

يقرا

Lezen

يتعلم

leren

يخدم

werken

يتزوج

trouwen

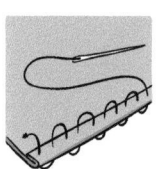

يخيط

naaien

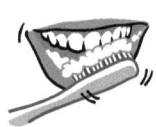

يغسل سنانو

tandenpoetsen

يكتل

doden

يكمي

roken

يرسل

sturen

الحدة
grootmoeder

الجد
grootvader

الاب
vader

الام
moeder

الذري
baby

البنت
dochter

الولد
zoon

ضيف
....
gast

العمة / الخالة
....
tante

العم / الخال
....
oom

الخو
....
broer

الخت
....
zus

lichaam

الجبهة
voorhoofd
العين
oog
الكتف
schouder
صبع
vinger
الوجه
gezicht
اللحية
kin
اليد
hand
الصدر
borst
الساق
been
الذراع
arm

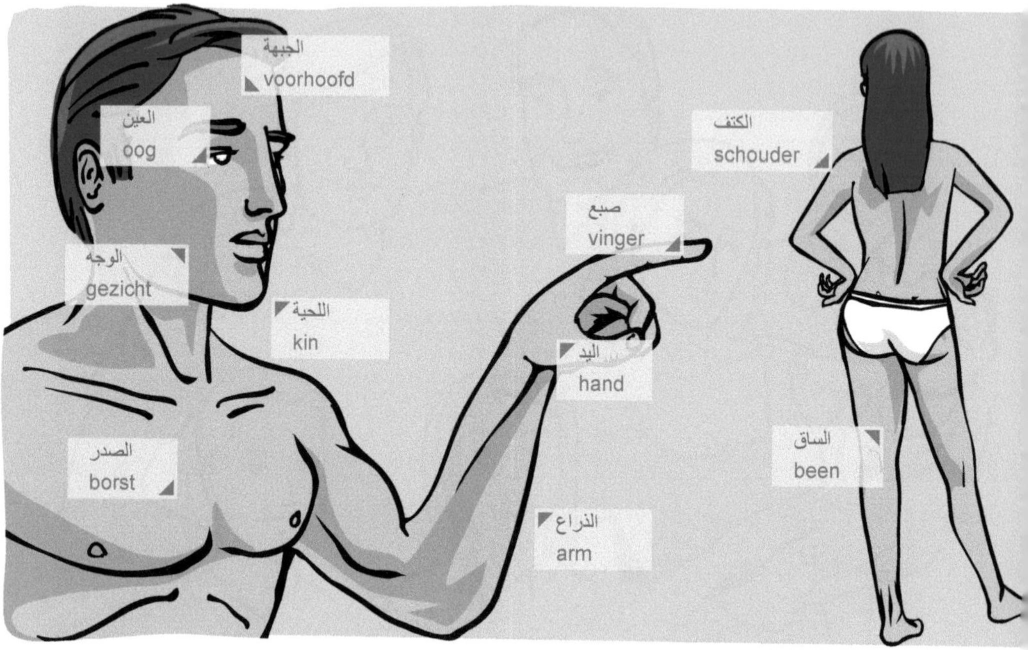

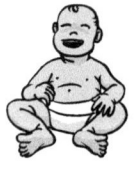

الذري
baby

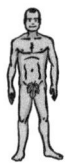

الراجل
man

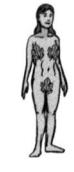

المرا
vrouw

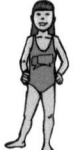

الشيرة، الطفلة
meisje

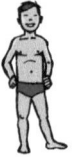

الشير
jongen

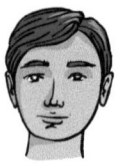

الراس
hoofd

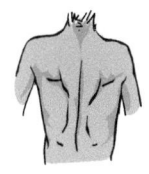

ظهر
....
rug

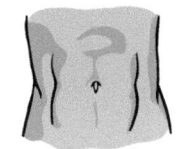

الكرش
....
buik

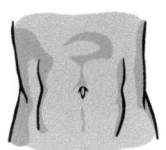

السرة
....
navel

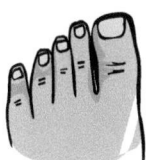

صبع
....
teen

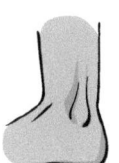

طالون
....
hiel

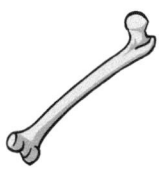

العظم
....
bot

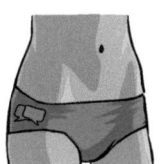

المرادف
....
heup

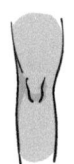

الركبة
....
knie

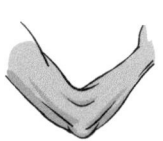

لمرفغ
....
elleboog

نيف
....
neus

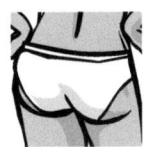

مصاصيط
....
zitvlak

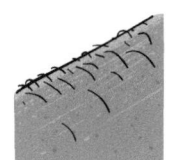

البِشرة
....
huid

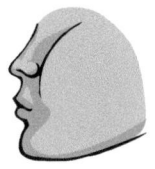

الحنوك
....
wang

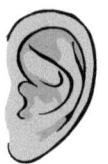

لوذن
....
oor

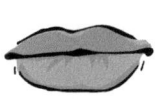

ثوورب
....
lip

الجسم - lichaam

الفم

mond

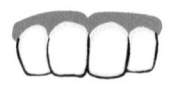

السنة

tand

السان

tong

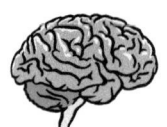

الدماغ

hersenen

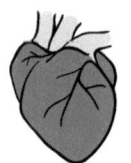

القلب

hart

العضلة

spier

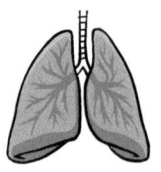

الرية

long

الكبدة

lever

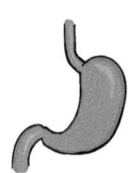

لسطوما

maag

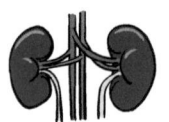

كلوى

nieren

رابور

seks

بريزارفتيف

condoom

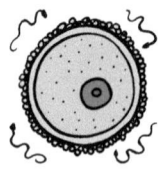

البويضة

eicel

سبرم

sperma

بلكرش

zwangerschap

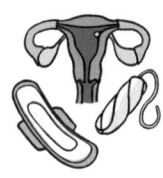

ليراغل

menstruatie

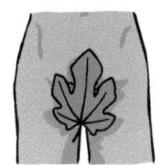

المهبل

vagina

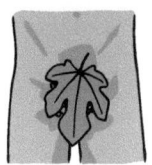

المذاكر

penis

الحاجب

wenkbrauw

الشعر

haar

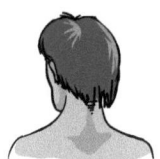

رقبة

nek

ziekenhuis

سبيطار
الكرسي المتحرك
rolstoel
فاتورة
breuk

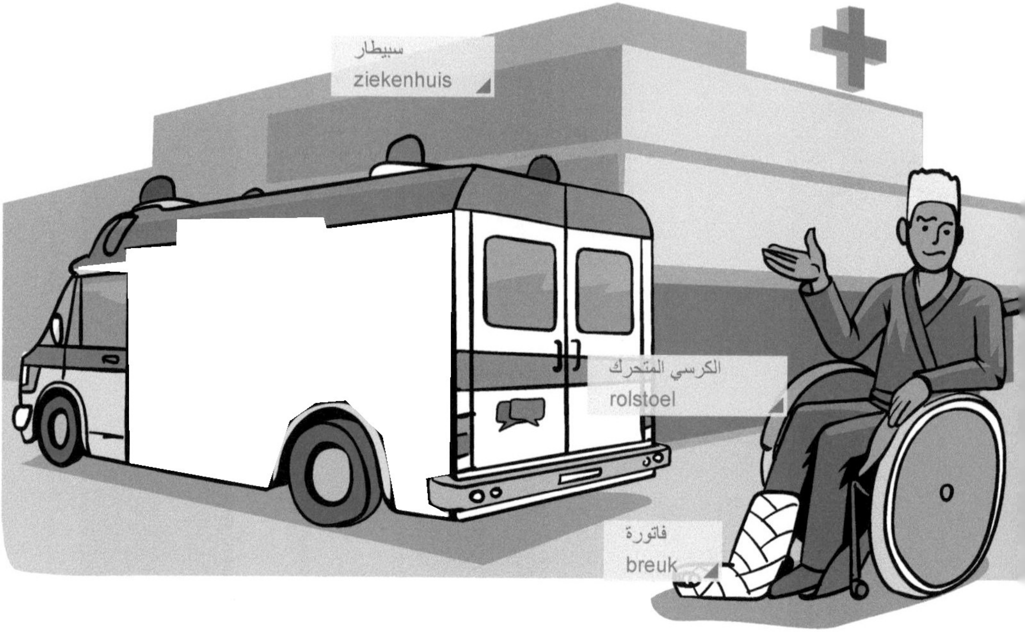

الطبيب

dokter

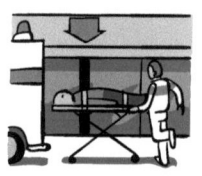

ليزيرجونس

spoed

الممرضة

verpleegkundige

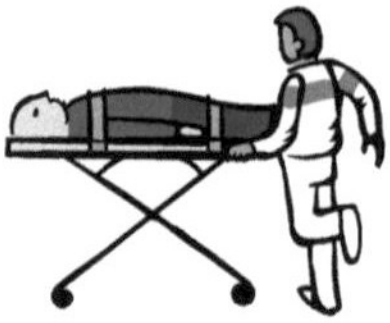

ليرجونس

noodgeval

تغاشى

bewusteloos

الوجع

pijn

الجرح
verwonding

يسل الدم
bloeding

القلب
hartaanval

لافيسي
beroerte

لالرجي
allergie

الكحة
hoest

الحمة
koorts

لاقريب
griep

الاسهال
diarree

ميغران
hoofdpijn

السرطان
kanker

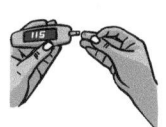

السكر
diabetes

الجراح
chirurg

مبضع
scalpel

عملية تاع القلب
operatie

لاسيتي
....
CT

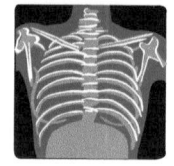

الراديو
....
röntgenstraal

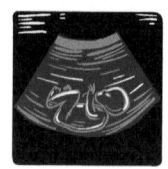

لولتخازون
....
ultrageluid

لماسك
....
gezichtsmasker

المرض
....
ziekte

وين يقارعو
....
wachtkamer

العكاز
....
kruk

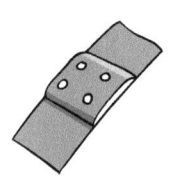

سكوتش
....
pleister

لبانسما
....
verband

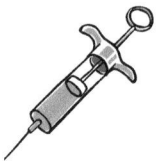

لبرة
....
injectie

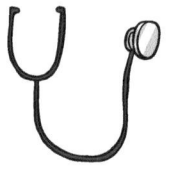

السماعة تاع الطبيب
....
stethoscoop

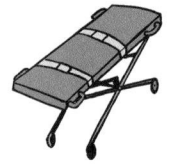

نقالة
....
brancard

لوزنو بيه الحمة
....
thermometer

زيادة
....
geboorte

السمونية
....
overgewicht

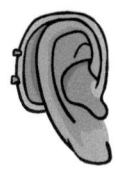

جهاز السمع

hoorapparaat

المعقم

ontsmettingsmiddel

لنفكسون

infectie

الفيروس

virus

السيدا

HIV / AIDS

الدوا

medicijn

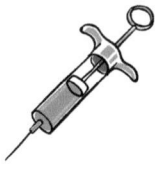

الفاكسان

vaccinatie

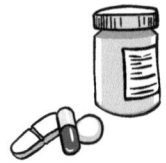

الدوا حب

tabletten

بيلولة

pil

يعيط للنجدة

noodoproep

الجهاز ليقيسو بيه الدم

bloeddrukmeter

مريض / صحيح

ziek / gezond

سلكوني

Help!

لالارم

alarm

يتعدا

overval

يهجم

aanval

دونجي

gevaar

مخرج الطوارئ

nooduitgang

النار شاعلة

Brand!

لكستانتور

brandblusser

اكسيدون

ongeval

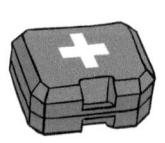

فيزة تاع الاسعاف الاولي

EHBO-kit

سلكونا

SOS

لابوليس

politie

أوروبا

Europa

أمريكا الشمالية

Noord-Amerika

أمريكا الجنوبية

Zuid-Amerika

أفريقيا

Afrika

آسيا

Azië

أستراليا

Australië

المحيط الأطلسي

Atlantische Oceaan

المحيط الهادي

Stille Oceaan

المحيط الهندي

Indische Oceaan

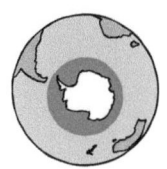

المحيط المتجمد الجنوبي

Antarctische Oceaan

المحيط المتجمد الشمالي

Arctische Oceaan

القطب الشمالي

Noordpool

القطب الجنوبي

Zuidpool

منطقة القطب الجنوبي

Antarctica

أرض

aarde

بلاد

land

بحر

zee

جزيرة

eiland

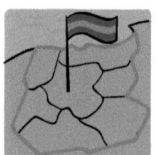

امة

natie

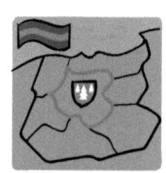

دولة

staat

ميناء الساعة

wijzerplaat

عقرب الساعات

uurwijzer

عقرب الدقائق

minuutwijzer

عقرب الثواني

secondewijzer

شعال راها الساعة؟

Hoe laat is het?

يوم

dag

زمن

tijd

دروك

nu

ساعة رقمية

digitale horloge

دقيقة

minuut

ساعة

uur

week

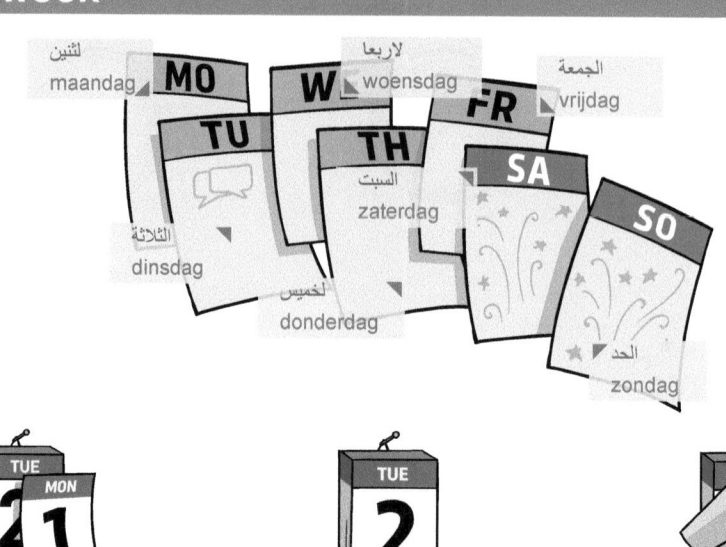

W

لبارح

gisteren

اليوم

vandaag

غدوا

morgen

صباح

ochtend

القايلة

middag

العشية

avond

يامات الخدمة

werkdagen

ويكاند

weekend

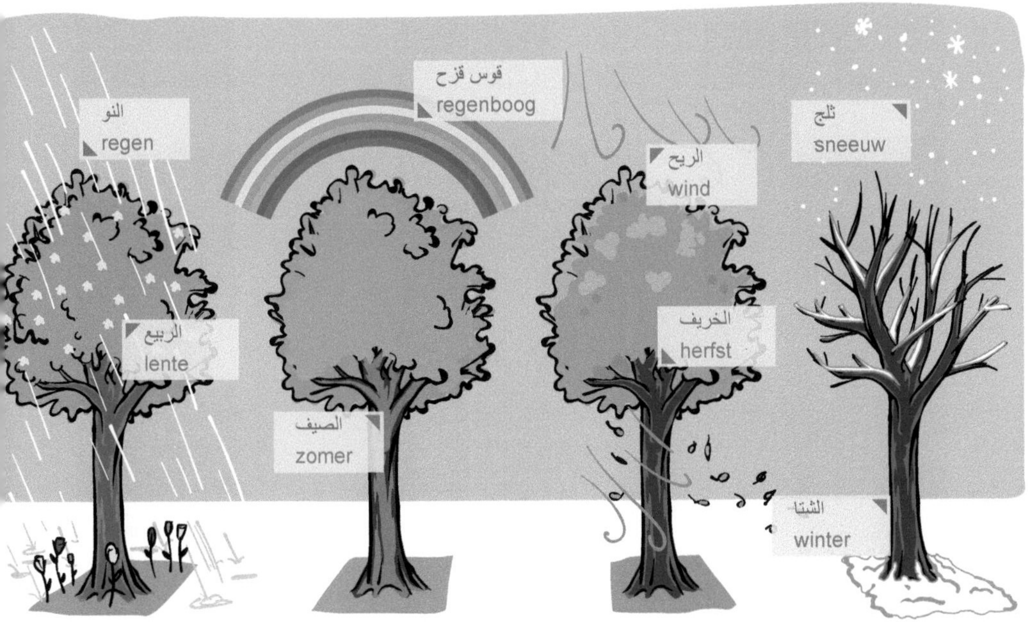

قوس قزح
regenboog
النو
regen
ثلج
sneeuw
الريح
wind
الربيع
lente
الخريف
herfst
الصيف
zomer
الشتا
winter

4.APRIL 11°
5.APRIL 4°
6.APRIL 13°
7.APRIL 8°
8.APRIL 10°

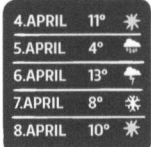

يتنبأ بالحال
....
weervoorspelling

F C
120 40
90 30
60 20
30 10
0 0
-30 -10
-20

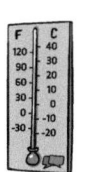

مقياس حرارة
....
thermometer

ضوء الشمس
....
zonneschijn

سحابة
....
wolk

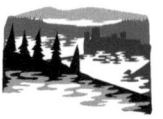

ضباب
....
mist

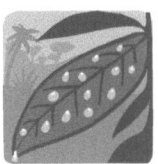

ميديتي
....
vochtigheid

برق
bliksem

رعد
donder

عاصفة
storm

بَرَد
hagel

ريح
moesson

طوفان
overstroming

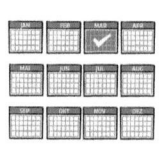

جليد
ijs

جانفي
januari

فيفري
februari

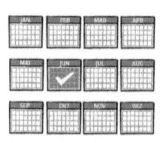

مارس
maart

افريل
april

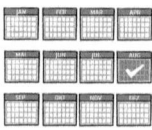

ماي
mei

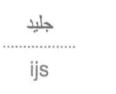

جوان
juni

جويلية
juli

اوت
augustus

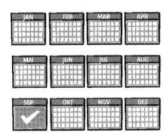

سبتمبر

september

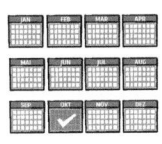

اكتوبر

oktober

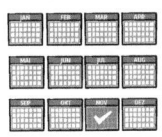

نوفمبر

november

ديسمبر

december

vormen

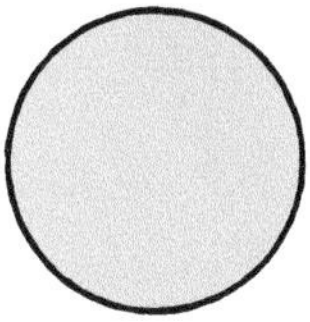

دويرة

cirkel

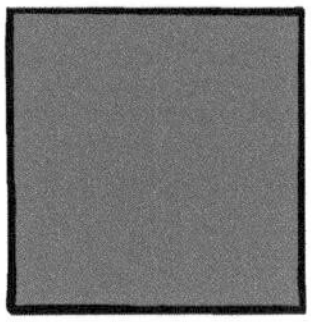

مربع

kwadraat

مستطيل

rechthoek

مثلث

driehoek

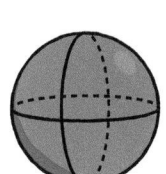

كويرة

bol

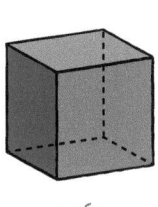

مكعب

kubus

بيض

wit

صفر

geel

تشيني

oranje

روز

roze

حمر

rood

حلحالي

paars

زرق

blauw

خظر

groen

قهوي

bruin

قري

grijs

كحل

zwart

بزاف / شوية

veel / weinig

زعفان / مكالمي

boos / kalm

شباب / مشي شباب

mooi / lelijk

البدية / التالي

begin / einde

كبير / صغير

groot / klein

فاتح / فونسي

licht / donker

خو/ خت

broer / zus

نقي/ موسخ

proper / vuil

كامل / ناقص

volledig / onvolledig

نهار/ اليل

dag / nacht

ميت / حي

dood / levend

عريض / ضيق

breed / smal

يقدو ياكلوه / ميقدروش ياكلوه

eetbaar / oneetbaar

شرير / ناس ملاح

kwaadaardig / vriendelijk

يثير / يمل

opgewonden / verveeld

سمين / رقيق

dik / dun

اللولا / التالية

eerst / laatst

الصاحب / لعدو

vriend / vijand

معمر / فارغ

vol / leeg

قاصح / سوبل

hard / zacht

ثقيل / خفيف

zwaar / licht

جوع / عطش

honger / dorst

مريض / صحيح

ziek / gezond

غير شرعي / شرعي

illegaal / legaal

ذكي / مبوقل

intelligent / dom

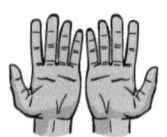

يسار / يمين

links / rechts

قريب / بعيد

dichtbij / veraf

جديد / مستعمل

....

nieuw / gebruikt

مكانش / شوية

....

niets / iets

شيباني / شاب

....

oud / jong

يشعل / يطفئ

....

aan / uit

محلول / مبلع

....

open / dicht

بشوية / بلفور

....

stil / luid

مرفح / زوالي

....

rijk / arm

نيشان / خاطيء

....

juist / fout

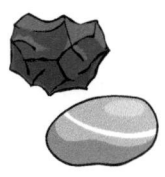

حرش / رطب

....

ruw / glad

زعفان / فرحان

....

droevig / blij

قصير / طويل

....

kort / lang

بشوية / بلخف

....

traag / snel

مشمخ / ناشف

....

nat / droog

حامي / بارد

....

warm / koud

القيرة / لامان

....

oorlog / vrede

0	**1**	**2**
صفر	واجد	زوج
nul	één	twee
3	**4**	**5**
تلاثة	ربعة	خمسة
drie	vier	vijf
6	**7**	**8**
ستة	سبعة	ثمانية
zes	zeven	acht
9	**10**	**11**
تسعة	عشرة	حداعش
negen	tien	elf

12	13	14
ثناعش	تلطاعش	رباطاعش
twaalf	dertien	veertien
15	16	17
خمسطاعش	سطاعش	سبعطتعش
vijftien	zestien	zeventien
18	19	20
ثمنطاعش	تساعطاش	عشرون
achtien	negentien	twintig
100	1.000	1.000.000
مية	ألف	مليون
honderd	duizend	miljoen

انقلي

Engels

انغلي تاع مريكان

Amerikaans Engels

لغة الشنوية

Chinees (Mandarijn)

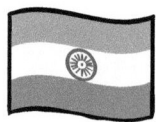

الهندية

Hindi

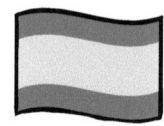

سبنيولية

Spaans

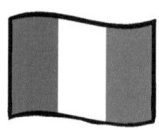

الفرونسي

Frans

العربية

Arabisch

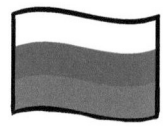

الروسية

Russisch

البوتغالية

Portugees

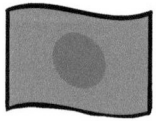

البنغالية

Bengali

لالمنية

Duits

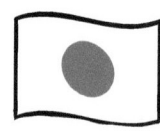

الجابونية

Japans

wie / wat / hoe

انا

ik

نتا

u

هو

hij / zij / het

حنايا

wij

نتوما

u

هوما

ze

شكون

wie?

واش

wat?

كيفاش

hoe?

وين

waar?

وقتاش

wanneer?

الاسم

naam

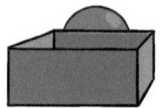

waar

مرول
....
achter

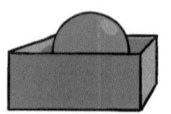

في
....
in

قدام
....
voor

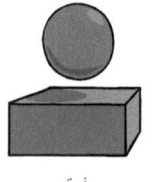

فوق
....
boven

على
....
op

تحت
....
onder

حدا
....
naast

بين
....
tussen

بلاصة
....
plaats